1882 (janvier

Décamps
Courbet

COLLECTION DE FEU M. LE DUC DE B***

TABLEAUX

ANCIENS ET MODERNES

VENTE APRÈS DÉCÈS

HOTEL DROUOT, SALLES Nos 8 ET 9

Les jeudi 19 et vendredi 20 janvier 1882

A DEUX HEURES ET DEMIE

EXPOSITIONS

PARTICULIÈRE	PUBLIQUE
Le Mardi 17 Janvier 1882	Le Mercredi 18 Janvier 1882

DE UNE HEURE A CINQ HEURES

Me ESCRIBE	M. HARO, peintre-expert
COMMISSAIRE-PRISEUR	CHEVALIER DE LA LÉGION D'HONNEUR
6, rue de Hanovre, 6	20, rue Bonaparte, et 14, rue Visconti

1882

PARIS. — IMPRIMERIE EMILE MARTINET, RUE MIGNON, 2

La première vacation de la vente de tableaux composant la collection de feu M. le duc de Bojano a produit 119,000 francs; les deux tableaux de J.-F. Millet représentant l'*Eté* et l'*Hiver* ont été adjugés 45,000 francs. M. Lafontaine, l'ex-sociétaire de la Comédie-Française, les a poussés jusqu'à 40,000 francs sans pouvoir les obtenir.

***

Hier avait lieu la vente des tableaux du duc de Bassano.

Parmi les toiles qui ont été les plus disputées aux enchères, nous citerons :

De Courbet : *La Source*, adjugée à 3,530 francs. — *Le Ruisseau*, 1,500 fr. — *L'Hiver*, 5,380 fr. — *Les Bords du lac Léman*, 1,920 fr. — *Le Torrent*, 1,900 fr.

Descamps : *Le Chenil*, 5,550 fr.

Diaz : *Une Clairière*, 8,190 fr.

Gegerfelt : *Les Patineurs*, 1,000 fr.

Géricault : *Chevaux percherons*, 2,150 fr.

Van Goyen : *La Meuse à Dordrecht*, 4,250 fr. — *Ville hollandaise*, 1,950 fr. — *L'Hiver en Hollande*, 6,070 fr.

Guardi : *Fête à Venise*, 6,000 fr. — *La Salute à Venise*, 1,310 fr. — *La Donaza à Venise*, 1,500 fr.

Largillère : *Portrait de dame*, 1,800 fr. *Idem.*, 1,880 fr.

***

La vente de la collection du duc de Bassano a eu lieu avant-hier à l'hôtel Drouot.

Parmi les toiles qui ont été le plus disputées aux enchères, nous citerons :

Courbet : *La Source*, adjugée à 3,530 fr. — *Le Ruisseau*, 1,500 fr. — *L'Hiver*, 5 380 fr. — *Les Bords du Lac Léman*, 1,920 fr. — *Le Torrent*, 1,900.

Decamps : *Le Chenil*, 5,500 fr.

Diaz : *Une Clairière*, 8,190 fr.

Gegerfelt : *Les Patineurs*, 1,000 fr.

Géricault : *Chevaux percherons*, 2,150 fr.

Van Goyen : *La Meuse à Dordrecht*, 4,250 fr. — *Ville hollandaise*, 1,950 fr. — *L'Hiver en Hollande*, 6,070 fr.

Guardi : *Fête à Venise*, 6,000 fr. — *La Salute à Venise*, 1,310 fr. — *La Dogana à Venise*, 1,500 fr.

Largillière : *Portrait de Dame*, 1,800 fr. — Id., 1,880 fr.

CATALOGUE

DE LA

COLLECTION DE FEU M. LE DUC DE B**

TABLEAUX

ANCIENS ET MODERNES

2 ŒUVRES CAPITALES DE J.-F. MILLET

Représentant L'ÉTÉ et L'HIVER

DIAZ, COURBET, DECAMPS, GÉRICAULT, SAINT-JEAN
RUYSDAEL (S.), VAN GOYEN, ETC.

DONT LA VENTE APRÈS DÉCÈS AURA LIEU

HOTEL DROUOT, SALLES Nos 8 ET 9

Les jeudi 19 et vendredi 20 janvier 1882

A DEUX HEURES ET DEMIE

EXPOSITIONS

PARTICULIÈRE	PUBLIQUE
Le Mardi 17 Janvier 1882	Le Mercredi 18 Janvier 1882

DE UNE HEURE A CINQ HEURES

Me ESCRIBE	M. HARO, peintre-expert
COMMISSAIRE-PRISEUR	CHEVALIER DE LA LÉGION D'HONNEUR
6, rue de Hanovre, 6	20, rue Bonaparte, et 14, rue Visconti

1882

CE CATALOGUE SE DISTRIBUE

A PARIS, CHEZ

Mᵉ ESCRIBE	M. HARO ❋
COMMISSAIRE-PRISEUR	PEINTRE-EXPERT
6, rue de Hanovre	20, rue Bonaparte, et rue Visconti

CONDITIONS DE LA VENTE

Elle sera faite au comptant.

Les acquéreurs payeront *cinq pour cent* en sus du prix d'adjudication.

TABLEAUX

DÉSIGNATION

TABLEAUX

ACCARD (E.).

1. — **L'Education de la perruche.**

T. — H., 0m,40. L., 0m,32.

BACKUYSEN (Ludolf).

2. — **L'Approche de l'orage. Marine.**

Une barque de pêcheurs fuit devant le gros temps ; à l'horizon plusieurs embarcations et à droite l'entrée d'un port.

Vente Auguiot, n° 1 du catalogue.

B. — H., 0m,27. L., 0m,35.

BEAUCE.

3. — **L'Etable.**

Signé à gauche et daté.

B. — H., 0m,22. L., 0m,32.

VAN BLARENBERG (attribué à).

4. — **Prise d'une ville située au bord de la mer.**

Dans l'ancien catalogue ce curieux petit tableau était ainsi désigné : *prise de la ville de Gênes.*

C. — H., 0m,31. L., 0m,59.

BOTH (Ecole de).

5. — **Le retour de la chasse. Paysage italien : effet de soleil couchant.**

B. — H., 0m,72. L., 0m,62.

BOUCHER (François).

6. — **La toilette de Vénus.**

La déesse est assise sur son lit de repos, ayant Mars auprès d'elle; plusieurs nymphes et Amours préparent sa toilette. Fond de paysage.

Vente Auguiot : Reproduction du catalogue, n° 53.

T. — H., 0m,58. L., 0m,68.

BOUCHER (d'après).

7. — **Le Printemps.**

T. — H., 0m,37. L., 0m,28

8. — L'Automne.

Pendant du précédent.

T. — H., 0m,37. L., 0m,28.

BOUCHOT (François).

9. — Pêcheurs napolitains mettant une barque à la mer, par un gros temps.

Signé à gauche.

T. — H., 0m,50. L., 0m,64.

BREYDEL (Charles, dit le Chevalier).

10. — Combat de cavalerie.

T. — H., 0m,28. L., 0m,37.

11. — Combat de cavalerie.

Pendant du précédent.
Collection du comte de Trapani.

T. — H., 0m,28. L., 0m,37.

CANALETTO (Antonio da Canale, dit).

12. — Le Canal Grande (Venise).

T. — H., 0m,53. L., 0m,89.

CANO (Alonzo).

13. — Sainte Madeleine.

Assise et appuyée contre un rocher, la tête élevée vers le ciel, elle paraît être sous l'influence d'une inspiration divine.

Vente Auguiot : Reproduction du catalogue, n° 36.

T. — H., 0^m,98. L., 0^m,80.

CARO (Balthazar di).

14. — Nature morte.

Panneau décoratif.

T. — H., 1^m,20. L., 1^m,78.

CANOT.

15. — La Fête du grand-père.

Gravé par Le Bas en 1747.
Signé à droite et daté 1746.

T. — H., 1^m,00. L., 0^m,81.

CASTIGLIONE (Jean-Benoit).

16. — L'Abreuvoir.

T. — H., 0^m,48. L., 0^m,65.

COURBET (Gustave).

17. — La Source du Lison, près Nans-sous-Sainte-Anne.

Signé et daté 1873.

T. — H., 0m,97. L., 1m,47.

COURBET.

18. — Le Ruisseau de Manbouc à Ornans.

Signé à droite.

T. — H., 0m,76. L., 1m,00.

COURBET (Gustave).

19. — L'Hiver : Vue prise à Mézières. Paysage. Effet de neige.

Signé et daté 1872.

T. — H., 0m,30. L., 0m,52.

COURBET (Gustave).

20. — **Les bords du lac Léman, près Clarens.**

Signé à gauche.

T. — H., 0^{m},60. L., 0^{m},50.

COURBET (Gustave)

21. — **Le Torrent : Vue prise dans les Alpes.**

Signé à gauche.

Pendant du précédent.

T. — H., 0^{m},60. L., 0^{m},50.

COYPEL (Antoine)

22. — **L'enlèvement d'Europe.**

T. — H., 0^{m},73. L., 0^{m},96.

DECAMPS.

23. — **Le Chenil.**

Au premier plan et devant une mangeoire vide est assis, en pleine lumière, un basset blanc tacheté noir et feu ; près de lui un autre basset brun se détache sur un mur recrépi. Dans le fond, couchés dans le chenil, plusieurs autres chiens.

Signé à gauche en toutes lettres.

Vente Laurent-Richard, 1878, n° 11 du catalogue.

B. — H., 0^{m},20. L., 0^{m},24.

DIAZ.

24. — **Une Clairière : Forêt de Fontainebleau.**

Un groupe de gros hêtres, qui se détachent sur un ciel orageux, ombrage une petite mare auprès de laquelle passe une bûcheronne.

Plus loin, le sentier mène au cœur de la forêt.

Vente Laurent Richard 1878 : Reproduction du catalogue, n° 30.

B. — H., 0^m,33. L., 0^m,40.

DIEPENBEECK (Abraham Van)

25. — **La sainte Famille.**

Dans un paysage, la Vierge, vêtue d'une robe rouge avec manteau bleu, assise près d'une colonne, tient son Fils qu'elle allaite. Le petit saint Jean, la main appuyée sur un mouton, baise les pieds de Jésus ; derrière lui, saint Joseph et sainte Élisabeth.

Vente Auguiot : Reproduction du catalogue, n° 6.

C. — H., 0^m,36. L., 0^m,28.

DIETRICH.

26. — **Portrait de vieillard.**

Il est représenté, assis dans un fauteuil ayant une chaîne d'or au cou.

Précieuse exécution.

B. — H., 0^m,27. L., 0^m,22

ELZHEIMER.

27. — **Christ en croix.**

Le Sauveur sur la croix est entouré par la Vierge et saint Jean.

Cuivre. — H., 0,m34. L., 0m,25.

FYT.

28. — **Chien. Etude.**

T. — H., 0m,38. L., 0m,32.

GEGERFELT.

29. — **Les Patineurs : Effet d'hiver.**

Signé à gauche et daté 1874.

B. — H., 0m,57. L., 0m,95.

GERICAULT.

30. — **Chevaux percherons : Études prises dans l'écurie de lord Seymour.**

L'étude signée Géricault est bien de ce peintre. M. Montfort, son élève, nous l'a certifié, en même temps qu'il nous prévenait que les deux autres études étaient peintes d'après lui.

Signé à droite et daté 1817.

T. — H., 0m,28. L., 0m,49.

GERICAULT (d'après).

31. — Les Charbonniers.

T. — H., 0^m,42. L., 0^m,62.

GERICAULT (d'après)

32. — Cheval de charrette dételé mangeant son avoine, dans un sac soutenu par un jeune paysan.

Vente Couvreur.

T. — H., 0^m,40. L., 0^m,32

GOYEN (Jan Van).

33. — La Meuse à Dordrecht.

Les eaux agitées, un ciel nuageux indiquent un vent violent; quelques bateaux à voiles fuient vers le fond; sur le devant, deux pêcheurs, dans leurs canots, ont jeté leurs filets, tandis que d'autres, sur la gauche, abordent au rivage et déchargent des paniers pleins de poissons.

Des cavaliers et un chariot rempli de villageois font halte devant une auberge.

Ce tableau d'un ton doré, d'une exécution ferme, chaude et transparente dans les ombres, est évidemment un des plus remarquables de ce maître.

Il est signé et daté 1632, gravé par W. Unger.

Vente Lissingen : Reproduction du catalogue, n° 18.

B. — H., 0^m,47. L., 0^m,73.

GOYEN (Jan Van).

34. — Ville hollandaise.

Entourée d'un mur d'enceinte flanqué de tourelles, elle s'étend le long d'une colline au bas de laquelle coule une rivière ; sur le premier plan, deux chevaux traînent un bateau chargé de villageois.

Très beau tableau du maître, d'un ton chaud et transparent.

Signé du monogramme et daté 1649.

Vente Lissingen : Reproduction du catalogue, n° 20.

B. — H., 0m,61. L., 0m,76.

GOYEN (Jan Van)

35. — L'hiver en Hollande.

Le pays est couvert par la glace, quelques îlots s'élèvent au-dessus, une multitude de personnages s'agitent, courent ou patinent dans différents sens, d'autres se promènent montés dans des traîneaux : à gauche, une tour en ruine et auprès une tente servant de cantine.

On aperçoit dans le fond quelques moulins, et les clochers d'une ville qui se dessine à l'horizon.

Le ciel est en partie couvert de nuages blonds se reflétant sur le sol.

Superbe et important tableau du maître, de la plus parfaite conservation. Gravé.

Signé du monogramme.

Vente Laurent Richard 1878 : Reproduction du catalogue, n° 96.

B. — H., 0m,51. L., 0m,71.

GRAZIANI.

36. — **Embarquement de cavaliers.**

T. — H., 0m,35. L., 0m,75.

37. — **Choc de cavalerie.**

Pendant du précédent.

T. — H., 0m,35. L., 0m,75.

GUARDI (Francesco).

38. — **Fête à Venise.**

Sur le grand canal, devant le pont du Rialto, toute la population est rassemblée pour voir la course des gondoles.

Cette composition capitale, animée de figures très spirituellement peintes, représente un des épisodes de la fête du Bucentaure.

Collection du marquis de Hastings.

T. — H., 0m,76. L., 1m,25.

GUARDI (Francesco).

39. — **La Salute à Venise.**

Au premier plan des barques et des gondoles sillonnent le grand Canal.

T. — H., 0m,22. L., 0m,30.

GUARDI.

40. — La Dogana à Venise.

Ces petits tableaux qui se font pendant sont deux jolis spécimens de ce maître agréable et spirituel.

B. — H., 0^m,22. L., 0^m,30.

HEYDEN (École de).

41. — Vue prise à La Haye.

B. — H., 0^m,40. L., 0^m,54.

JACQUE (CHARLES).

42. — La rentrée à la ferme.

Signé à gauche.

T. — H., 0^m,44. L., 0^m,68.

KALF (WILLEM).

43. — Intérieur rustique.

Au premier plan, à gauche, un tonneau, et à terre divers ustensiles de ménage : sur un cuvier, appuyé contre une cloison de bois où perche un coq, un grand vase à lait en cuivre, des baquets, un tonneau sur lequel sommeille un chat, etc... Dans le fond, une vaste cheminée où se chauffent deux paysans assis.

Signé à droite en toutes lettres sur le bandeau de la cheminée.

Collection Lissingen : Attribué à Zorg, et vendu sous le n° 53.

B. — H., 0^m,37. L., 0^m,32.

LARGILLIÈRE (Nicolas).

44. — Portrait de dame de qualité.

Elle est représentée à mi-corps et de trois quarts, les cheveux poudrés, vêtue d'une robe à ornements brochés or et argent et drapée dans un manteau fourré gorge-de-pigeon retenu au corsage par des ferrets ornés d'une perle.

T. — H., 0m,80. L. 0m,65.

LARGILLIÈRE (Nicolas. — École de).

45. — Portrait de dame de qualité.

Elle est représentée à mi-corps, vue presque de face, appuyée près d'une colonne, les cheveux poudrés et ornés d'une perle et d'une fleur, vêtue d'une robe d'étoffe à ornements et drapée dans un manteau de velours rouge. Fond de paysage.

A figuré à l'exposition retrospective de 1878 sous le nº 196.

T. — H., 0m,80. L., 0m,64.

LEDOUX (Mlle).

46. — Les deux sœurs.

Ovale. T. — H., 0m,40. L., 0m,32.

LOO (Van).

47. — Portrait d'homme, époque Louis XV.

Il est représenté de trois quarts, revêtu d'une armure, les cheveux poudrés : au cou un nœud de ruban noir.

Ovale. T. — H., 0^m,80. L., 0^m,64.

LUCATELLI (André).

48. — Paysage italien.

T. — H., 0^m,37. L., 0^m,45.

MARIESCHI.

49. — Vue d'une partie du Rialto et de la place du Marché à Venise.

T. — H., 0^m,54. L., 0^m,71.

MARIESCHI.

50. — La place des Procuraties à Venise.

Pendant du précédent.

T. — H., 0^m,54. L., 0^m,71.

MARIESCHI.

51. — Vue prise au Grand Canal : Venise.

T. — H., 0^m,55. L., 0^m,85.

MEТZU (d'après).

52. — La Marchande de gibier.

B. — H., 0m,43. L., 0m,33.

MEULEN (Van der. — Attribué à).

53. — Siège de ville par le roi Louis XIV.

T. — H., 0m,90. L., 1m,15.

MIERIS (Willem).

54. — Danaé.

Elle est représentée sur un lit de repos ; près d'elle, un Amour soulève son voile : au premier plan un autre Amour recueille les pièces d'or.

Grande finesse d'exécution.

B. — H., 0m,56. L., 0m,43.

MILLET (J.-F.)

55. — L'Été.

L'Été, sous la figure allégorique de Cérès, déesse des blés et des moissons, est représentée debout, couronnée d'épis, une faucille à la main, enseignant l'agriculture aux hommes.

Signé à droite : J.-F. Millet, forme cintrée du haut.

T. — H., 2m,60. L., 1m,34.

MILLET (J.-F.).

56. — L'Hiver.

L'Amour, par un temps de bise et de neige, demande l'hospitalité.

« J'étais couché mollement.
Et contre mon ordinaire.
Je dormais tranquillement
Quand un enfant s'en vint faire
A ma porte quelque bruit.
Il pleuvait fort cette nuit :
Le vent, le froid et l'orage
Contre l'enfant faisaient rage.
Ouvrez, dit-il, je suis nu.
Moi, charitable et bonhomme,
J'ouvre au pauvre morfondu,
Et m'enquiers comment il se nomme.
Je te le dirai tantôt,
Repartit-il ; car il faut
Qu'auparavant je m'essuie !
. . . .

Imitation d'Anacréon, œuvre de Lafontaine.
Signé : J.-F. Millet, forme cintrée du haut.

T. — H., 2^m,05. L., 1^m,12.

Les deux peintures allégoriques, représentant l'Hiver et l'Eté, comptent parmi les œuvres considérables de Millet : elles sont peintes avec une fierté, une volonté, une robustesse qui émeuvent et impressionnent ; on y retrouve le penseur, l'homme qui a vécu seul avec la nature, ajoutant à chaque expression sa propre rêverie.

Tout y est exécuté avec le rendu, le charme particulier et bizarre qui font de Millet un des plus puissants novateurs de notre époque.

MOLENAER.

57. — **Plage de Scheveningen.**

Grand tableau décoratif animé par de nombreuses figures.

B. — H., 0m,92. L. 1m,40.

MONSIAU.

58. — **Jeunes enfants jouant avec un petit chien.**

Signé à droite et daté 1782.

B. — H., 0m,24. L., 0m,18.

MOOR (Charles de).

59. — **Allégorie du Mariage.**

Au premier plan, précédés par une jeune enfant qui sème des fleurs, s'avancent les deux époux. Le mari, vêtu à la romaine, indique le ciel entr'ouvert où apparaît un concert céleste. Dans le fond, à droite, une ronde de nymphes.

Signé à droite en toutes lettres.

Exécution remarquable.

B. — H., 0m,50. L., 0m,67.

MOREELSE.

60. — **Portrait d'homme.**

Signé et daté 1637.

B. — H., 0m,72. L., 0m,57.

NOCRET.

61. — **Portrait de petite princesse.**

Elle est représentée debout, vêtue d'une robe richement brodée, avec tablier de dentelle, tenant un éventail entre ses mains.

T. — H., 0^m,50. L., 0^m,37.

OSTADE (Adrien Van).

62. — **Les Chanteurs.**

Au premier plan, près de la cheminée, un paysan allume sa pipe à un tison ; près de lui, une petite fille, taquinée par un jeune garçon, mange dans une énorme écuelle. Au second plan, un paysan et une vieille femme chantent à tue-tête, accompagnés par un musicien qui, appuyé contre le mur, souffle dans une cornemuse. A gauche, près d'un tonneau, un autre buveur.

Très belle signature à droite sur le bandeau de la cheminée.

La date de 1632 indique que ce tableau a été exécuté dans la jeunesse du peintre et sous l'influence de son frère Isaac.

Vente Marcille.

B. — H., 0^m,28. L., 0^m,37.

PALIZZI (Filip).

63. — **Le griffon.**

Signé à droite et daté.

T. Ovale. —H., 0^m,43. L., 0^m,34.

PALIZZI (Filip).

64. — Les Kings-Charles.

Pendant du précédent.
Signé à droite et daté 1856.

T. Ovale. — H., 0m,43. L., 0m,34

PALIZZI.

65. — Le haras : Chevaux en liberté.

Signé à gauche.
Collection du comte de Trapani.

T. — H., 0m,40. L., 0m,58.

PANINI (Ecole de).

66. — Ruines.

T. — H., 0m,95. L., 1m,30.

PARROCEL.

67. — Combat des Impériaux contre les Turcs.

T. — H., 0m,29. L., 0m,23.

PARROCEL.

68. — Combat de cavalerie.

Pendant du précédent.

T. — H., 0^m,29. L., 0^m,23.

PATER (Ecole de).

69. — Les plaisirs champêtres.

T. — H., 0^m,55. L., 0^m,64.

PATER (Ecole de).

70. — Conversation galante.

Ces deux compositions se font pendant.

T. — H., 0^m,55. L., 0^m,64.

POELENBURG.

71. — La danse. Paysage et ruines.

Signé au premier plan C. P. F.

B. — H., 0^m,33. L., 0^m,44.

PORBUS (attribué à).

72. — Portrait d'un Fils de France.

C. — H., 0^m,22. L., 0^m,17.

QUAEDVLIEG (Ch.).

73. — Le battage des blés. Environs de Rome.

Signé à droite.

T. — H., 0^m,43. L., 0^m,70.

QUAEDVLIEG (Ch.).

74. — Le marché aux chevaux. Environs de Naples.

Pendant du précédent.

Signé à droite.

T. — H., 0^m,43. L., 0^m,70.

QUERFURT?

75. — Le camp.

Cuivre. — H., 0^m,47. L., 0^m,62.

REGNAULT (Henri).

76. — Négresse. Etude.

T. — H., 0^m,44. L., 0^m,36.

REGNAULT (attribué à).

77. — Enfant de chœur.

Signé à droite en haut.

T. — H., 0^m,55. L., 0^m,43.

RIGAUD (École de).

78. — Portrait d'homme.

Vu presque de face et coiffé d'une perruque Louis XIV; il est drapé dans un vaste manteau rouge qu'il ramène de la main gauche.

T. — H., 1^{m}. L., $0^{m},81$.

ROBIE (J.).

79. — Fleurs et Fruits.

Sur une table couverte d'une riche étoffe sont posés des plats d'argent remplis de fruits, un grand verre en cristal et un vase à bas-reliefs rempli de fleurs.

Ce tableau a été peint pour faire pendant à celui de Saint-Jean.

Signé à gauche et daté 1847.

B. — H., $1^{m},32$. L., $1^{m},06$

ROMBOUTS.

80. — L'Annonciation aux bergers.

Signé du monogramme.

B. — H., $0^{m},52$. L., $0^{m},43$.

RUBENS (École de).

81. — Portrait d'un Père Dominicain.

B. — H., $0^{m},44$. L., $0^{m},36$.

RUYSDAEL (Salomon).

82. — Paysage. Bords de rivière.

Au premier plan des pêcheurs remontent le fleuve dans une petite barque ; à gauche, sur la rive boisée, d'autres pêcheurs traînent un filet. A travers les arbres on aperçoit des maisons, plus loin un clocher. Sur le fleuve, plusieurs autres barques. A gauche, un pâturage et des bestiaux dont quelques-uns boivent dans la rivière. Ciel nuageux.

Signé sur la barque et daté 1645.

Vente Lissingen, nº 39 du catalogue.

B. — H., 0m,63. L., 0m,92.

SAINT-JEAN.

83. — Fleurs, Fruits et Gibier.

Ce tableau peut être considéré à juste titre comme une des œuvres principales de Saint-Jean. Rarement ce peintre a été aussi bien inspiré comme coloris, composition et mérite d'exécution.

Signé à droite et daté 1854.

T. — H., 1m,32. L., 1m,06.

TENIERS (David le jeune).

84. — Le Cabaret.

De nombreux villageois sont réunis devant une maison rustique, les uns boivent à l'abri sous un toit de chaume, les autres fument assis autour d'un banc de bois ; un des convives s'approche de ces derniers, la pipe à la bouche, et tenant à la main droite un broc ; la maîtresse du cabaret, sur la porte de sa maison, surveille les consommateurs ; au second plan, quelques buveurs s'éloignent, dans le fond, des arbres et le clocher d'une église se détachent sur un ciel brillant.

Charmant tableau du maître, signé en toutes lettres : D. Téniers F. Collection Oudry.

Reproduction du catalogue de la vente Lissingen.

B. — H., 0m,24. L., 0m,34.

TERBURG (attribué à).

85. — **Portrait d'homme, Roclofs Kœck.**

T. Ovale. — H., 0m,16. L., 0m,14.

TROYON.

86. — **Le Bac. Bords de la Seine : Vue prise à Bonnières.**

Paysage peint d'après nature.
Vente Troyon.

T. — H., 0m,63. L., 0m,79.

VELDE (Adrien Van de).

87. — **Le Pâturage.**

Au premier plan, une vache rouge près d'un arbre dont une chèvre mange l'écorce ; plus loin deux chevaux, un blanc et un gris appuyés l'un sur l'autre ; auprès d'eux des moutons ; dans le fond plusieurs vaches au repos.

T. — H., 0m,35. L., 0m,32.

VENIUS (Otto. — Attribué à).

88. — **Portrait de la seconde femme de Rubens.**

C. — H., 0m,28. L., 0m,22.

VERKOLJE.

89. — Une Idylle.

Au milieu d'un bosquet, et assis auprès d'une fontaine surmontée d'un groupe d'Amours, un berger couronné de pampres regarde tendrement une bergère.

T. — H., 0^m,53. L., 0^m,44.

VERKOLJE.

90. — Les plaisirs de l'été.

T. — H., 0^m,68. L., 0^m,86.

VERNET (Carle).

91. — Tête de cheval blanc. Etude.

Signé dans la pâte du monogramme.
Collection Fould.

T. — H., 0^m,40. L., 0^m,30.

VERVLOET (F.).

92. — Intérieur du palais ducal à Venise.

Signé à gauche et daté 1857.

B. — H., 0^m,38. L , 0^m,49.

VIGÉE LEBRUN (Mme).

93. — Portrait de jeune femme.

Elle est vue de face assise dans un fauteuil. Costume du Directoire.

T. — H., 0^{m},53. L., 0^{m},45.

WYCK (THOMAS).

94. — L'Alchimiste.

Dans son laboratoire, debout devant une fenêtre, il examine le contenu d'une fiole : nombreux accessoires remarquablement peints.

Signé en bas à gauche, en toutes lettres.

B. — H., 0^{m},40. L., 0^{m},29.

WYCK (THOMAS).

95. — Le Géographe.

Assis près d'une fenêtre, il écrit sur une table encombrée de livres, une sphère, etc.

Signé en toutes lettres à gauche en bas.

Pendant du précédent.

Ces deux tableaux proviennent de la collection du comte de Schönborn, n°s 475 et 479 du catalog., 1857.
Vente Pommersfelden, n°s 146 et 147.

B. — H., 0^{m},40. L., 0^{m},29.

WYCK (Thomas).

96. — **Portrait de l'artiste dans son atelier.**

Signé : W.
Vente Saint, 5 mai 1846.
Vente Camille Marcille, N° 67.

B. — H., 0^m,34. L., 0^m,27.

ÉCOLE FRANÇAISE (Attribué à François de Troy).

97. — **Portrait du grand Dauphin.**

Vu de trois quarts et à mi-corps, il est vêtu d'un habit broché d'or recouvert d'une cuirasse, en sautoir le ruban bleu, au cou un large nœud rouge.

A figuré à l'Exposition rétrospective de 1878, sous le n° 205.

T. ovale. — H., 0^m,70. L., 0^m,58.

ÉCOLE ITALIENNE.

98. — **Enlèvement d'Europe.**

(Collection Caramanico.)

T. — H., 1^m,15. L., 0^m,92.

99. — **Diane et Calisto.**

Très belle composition, dans la manière du Titien.

T. — H., 0^m,46. L., 0^m,37.

ÉCOLE DE PARME

100. — Sainte Famille.

T. — H., 1^m,00. L., 0^m,80.

ÉCOLE HOLLANDAISE.

101. — Portrait de petite fille.

T. — H., 0^m,28. L., 0^m,22.

ÉCOLE ESPAGNOLE.

102. — Le Sauveur du monde.

Il est représenté encore adolescent, tenant à la main la boule du monde.

T. — H., 0^m,70. L., 0^m,57.

---

103. — Sous ce numéro seront vendus les Tableaux non catalogués.

AQUARELLES, PASTELS

DESSINS

AQUARELLES, PASTELS

DESSINS

CARRIERA-ROSALBA

104. — Jeune fille jouant avec un chat.

Pastel.

T. — H., 0m,40. L., 0m,30.

GIOJA.

105. — Jeune chevrier italien.

Aquarelle.

H., 0m,39. L., 0m,27.

106. — Italienne.

Signé à gauche.

H., 0m,44. L., 0m,29

GIOJA.

107. — Un Cardinal.

Aquarelle.
Signé à droite.

H., $0^m,39$. L., $0^m,27$.

108. — Une Religieuse.

Aquarelle.
Signé à gauche.
Pendant du précédent.

H., $0^m,39$. L., $0^m,27$.

GIOJA.

109. — Jeune Italien.

Aquarelle.
Signé à gauche.

H., $0^m,44$. L., $0^m,29$.

110. — Italienne.

Aquarelle.
Signé à droite.
Pendant du précédent.

H., $0^m,44$. L., $0^m,29$.

LOO (VAN).

111. — Son portrait.

Pastel ovale.

H., $0^m,68$. L., $0^m,54$.

MEISSONIER.

112. — **La Sortie de l'église.**

Aquarelle étude.

H., 0m,14. L., 0m,09.

MILLET (J. F.)

113. — **La Déclaration.**

Pastel.

H., 0m,40. L., 0m,31.

114. — **Le Baiser.**

Pendant du précédent.

Ces deux pastels, œuvres authentiques de Millet, montrent la souplesse et la variété de son talent, et marquent une phase intéressante de sa vie.

H., 0m,40. L., 0m,31.

ECOLE FRANÇAISE.

115. — **L'enlèvement par les Arabes.**

Dessin au fusain rehaussé de blanc.

H., 1m,28. L., 0m,94.

116. — **Martyre de saint André.**

Ancienne miniature.

117. — L'Adoration des Bergers.

Miniature.

118. — Sous ce numéro seront vendus les dessins non catalogués.

PARIS — IMPRIMERIE EMILE MARTINET, RUE MIGNON, 2

www.ingramcontent.com/pod-product-compliance
Ingram Content Group UK Ltd.
Pitfield, Milton Keynes, MK11 3LW, UK
UKHW022149170726
13837UKWH00004B/1869